やっぱりParis

いがらし与志子

新潮社
図書編集室

やっぱりＰａｒｉｓ　目次

装丁　大森賀津也

やっぱりParis

メトロ

「東京は本当に広い」とフランスから帰国してつくづく思った。

行く前は、面倒な留学の手続きや準備に追いまくられ、頭がその事でいっぱいで目的地のパリの広さなんてどうでもいい事であった。着いたらその時点でじっくり調べればいいと思っていた。

ただ、自分がこれから住むところと、通う学校の位置だけを地図の上に赤印をして確認するのが精一杯であった。

住むにつれ、だんだんと地図が頭に入ってくるとパリは、もしかして東京より狭いんじゃないかと思い始めた。

そしてわかった事が、その広さがなんと、東京の世田谷区に匹敵するという。もっとわかりやすく言えば、山の手線の内側よりちょっと広いくらいなのだそうだ。

東京で、端から端まで歩いたという人を聞いたことがないが、パリでは端から端まで歩いた人が何人かいた。

パリの公営交通機関は「地下鉄」（メトロ）と「バス」の二つだけである。

地下鉄は網の目のように走り、駅の数が約三〇〇というから驚く。だから駅と駅の間隔が短かく、私が住んでいた家の近くには、三方に駅があり、目的の場所によって駅を選ぶことが出来た。

東京でもそうであるけど、駅はその街の「顔」と「匂い」と「色」をもっているように思える。

山の手線に乗って一廻りでもしようものなら、それがよくわかる。乗降客によって、山の手附近の人たちと、まさしく下町の人たち、学生街とそれぞれわかるから面白い。

パリもまた同じように、それぞれ駅の顔があった。私が通っていた絵の学校までは、山の手地区を通過するシックなご婦人達の乗降者で香水がいつも漂い、アトリエで降りる駅は、学生街で若者の匂いがした。


或る日、それはたぶん初夏だったような気がする。私はいつも通っている地下鉄六号線ナシヨン発、シャルル・ドゴール行きに乗っていた。パストゥール駅を出て、地下の闇の視界から急にまぶしい光の視界へと地下鉄は地上に出た。私は目を細めながら窓から見える景色をぼんやり眺めていた。立ち並ぶアパルトマン、街路樹……ｅｔｃ。

毎日アトリエに通う往復の見馴れた風景であった。

パリの空は一日として同じ色をしていない。

雲が何故か多く、またその雲の流れ、色が映える街でもあるのだ。

この路線は地下から地上に出て、セーヌ川をまたぎ、エッフェル塔を間近にし、パリの美しいところを存分にみせてくれる線である。

エッフェル塔と空と、セーヌ川が一つの絵になるこの場所が、私は大好きである。

徐行しているのも知らず、移りゆく風景画を鑑賞するのに、このゆるやかな速度が何とも心地よく、すっかり堪能させてくれていた。

ビルの屋根の上に、エッフェル塔の上の部分がだんだん大きく姿をあらわして来た。

今、地下鉄はセーヌ川を渡りはじめた。

と、その瞬間、耳をつく乗客の喚声と同時に車体が止った。

「どうしたのだろう?」。私には何がなんだかわからない。だが乗客が一斉に進行方向右の窓に顔をくっつけて大声を出しているのだ。

私もその声の方に目を向けた。皆の視線はセーヌ川にそそがれていた。

今まさに、モーターボートのレースの真最中なのであった。何隻かのボートが、すごいスピードで競っている。

橋の上で止まっているこの地下鉄の真下をいま通過するところ……。

乗客は、今度は左の窓の方に駆けより、またもや大きな喚声を上げている。

その移動のはげしさに、車体が傾き、セーヌ川にドヴンと落ちてしまうのではないかと心配した。

「ガタン」と車体が動いた。

喚声は消え、車内になごやかさが残った。

だんだん小さくなって行くモーターボート……。

何事もなかったかのように、車体は動き出した。

五、六分の出来事であったが、それは長く感じられた。
一分一秒でも遅れたら、すぐニュースになりかねない時刻正確な今の日本では、考えられない出来事であった。

私が留学していた一九七〇年代後半のことなのであるが、今もこんな素敵な光景に出合えるのだろうか？

そう言えば、地下鉄がノロノロと徐行していたのは、前の車輛もやっぱり、あのレースを見ていたのだろうか……。

それとも、この運転手さんの機転なのか？

それとも、フランス風のいたずら心《ごころ》なのか、私にはわからないが、なんだかとっても楽しいひとコマとして今でもはっきり映し出されてくる。

昔、日本でもあった「田舎のバス」みたいな時刻《とき》を忘れた人間味あふれるぬくもりとして、いつまでも大事に暖めていたいと思っている。

そう言えば、メトロのホームに日本のような時刻表が掲示されているのを見た事がなかった。

コンタビリテ

「コンタビリテ」

たしかにそう聞きとれた。「コンタビリテ」と言う言葉、忘れてはならないと反復する。

この言葉、聞いたこともないし、辞書で引いた覚えもまったくない。いったいどういう意味なのだろうか?

スペルを綴ってみるゆとりなんてない。

頭に血がカァーッとのぼってしまっている状態である。

よく、寝不足になった日は、外国語は聞きとりにくいと聞いたことがあるが、それにも似ている。

それにしても、ツンとすましたあの美しい金髪の中年マダム、私が外国人だなんて思ってくれる優しさは微塵もなく、ペラペラと早口で言ってくるなんて……。

日本人だったら、外国人には特にやさしくゆっくりと喋って教えてあげるのに……。

あまりのつっけんどんな態度に、聞き返す勇気もなくなってしまった。やっぱり携帯用の仏和辞典を持ってくればよかったと後悔しながらトボトボと歩いていた。渡仏して一年がたち、少し心にゆとりが出て来て、辞書がバッグから姿を消したところであった。

アトリエと下宿との往復に、少しずつパリの地図が頭の中に描けるようになった夏休みでのこと。

私が住んでいるところから歩いて二十五分くらいの場所に大きなホテルがある。

このホテルは日本人観光客がたえず利用していた。

地下には免税店が、何店かあった。その中の一つに友人の一人が労働許可書をとってアルバイトとして働いていた。

「夕方の買物が出来なくて……」と嘆いていたのを思い出し「陣中見舞」をかねて、彼女の欲しそうなものを買って訪ねた。

「日本語でお買物が出来ます！」とタドタドしい字で書かれた紙が、ウインドウに貼ってあった。

お客は誰れもいなかった。連絡もしない突然の私の訪問を、彼女は喜んで迎えてくれた。

しばらく話をしていた。

急に、ドヤドヤと日本人のお客が入って来た。七、八人位だろうか、小さなお店の中は、足の踏み場もないくらいの混雑ぶりだ。

久し振りに飛び交う日本語！

懐かしくて胸の中が熱くなった。全部話がわかるもの！

フランス人の女店長と彼女と二人だけでは手がまわらない忙しさだった。お客の手には日本に買って帰る「おみやげ」の品が持ちきれないほど抱えられている。

その中で、上品な三人のご婦人たちは選ぶのにとても時間がかかった。私もショッピングは大好きなほうなので、一緒になって見たり、選んだりしてあげた。

手に手に、大きな袋を持ってうれしそうな顔をして帰る観光客を見送った後、私もそのお店を出た。

外は夕方七時だというのに、陽は沈まず、まだ明るい。日没は九時を過ぎるのだ。

ホテルの玄関入口の近くに、五、六人の日本人観光客が何か話していた。その中の一人のご婦人から「先程はご親切にありがとうございました」とお礼を言われた。

突然だったのでびっくりした。あのブティックでお手伝いしてあげた人だったのだ。

あの時は、ご婦人たちばかりであったが、今はそれぞれご主人さまと同伴だった。

「夕食に行きたいが、どこか日本料理店を知らないか」と尋ねられた。「あいにく、この辺りにはなく、中華料理店なら近くにある」と言うと、意見が一致して出掛けた。

お店の前まで案内して帰ろうとしたところ、「あなたもご一緒に」と誘われ、久しぶりに美味しいお料理をご馳走になることになった。

食事での会話の中で、どこの国に行っても言葉が通じなくて「日本語で買物が出来ます」という看板に、ついつられて入ってしまう。お買物が自由に出来たら、さぞ楽しいことでしょう、と話された。

「明日は、デパートに行きたい」と言う。

ホテルと私の下宿との中間あたりに、いかにもフランス風な、エレベーターは手で開閉し、ガラス張りで網の中を昇降する古いデパートがあることを話すと、是非行ってみたいと言うので、翌日ご一緒した。

どんな物でも、買物をしたレシートを取っておいて合計が四〇〇フラン以上（当時）になったら免税してくれる。後日、その分を日本に送ってくれるとのことだった。

そして半年が過ぎた。

あの日出会った一人のご婦人とひょんなことから文通することになった。その手紙の序に、あのデパートでの買物をした免税分が、日本に確実に届いたかを問い合せたところ、何の連絡もないと言う。

私はあせった！

そして、そのデパートの「受付」で聞いたところ「コンタビリテ」と返って来たのだ。

まァ何でもいい、誰れかに、この「コンタビリテ」の意味を聞いてみないことには……。

その時、ブルーの仕事着を着た、小さなマダムがこちらに歩いて来た。多分、掃除婦だと思う。やさしそうな感じの人だった。

この人なら、きっとわかりやすく答えてくれそうな気がした。

「『コンタビリテ』って何ですか？」

「私について来なさい！」と言う。売場の中をどんどん通り抜け、売場の裏に入って行く。人けは、まったくない。暗くてどことなく薄気味悪い。

そんな場所に、この人は私をどこに連れて行こうとしているのだろう。と、見たこともない大きなエレベーターの前に着いた。家具などを運ぶものなのだろうか。「ギィ、ギィ」と大きな音をたてて扉が開いた。天井は高く、三畳以上はある広さの中に、二人はちょこんと乗った。中はうす暗く「ガタン」「ガタン」と音をたて、ゆっくり昇っていくエレベーター。

噂に聞いている、ブティックの試着室から消えた話、映画「死刑台のエレベーター」のシーンも思い出される。

「まさか?」「まさか?」。このまま、どこかに連れて行かれて姿を消されてしまうのでは――?

そっと、その女の人を見た。平然としている。この人が何階のボタンを押したのかもわからない。そんな事よりも、その時間の長かったこと。

「Voilà（着きました！）」と言う声に、私は胸をなでおろした。

売場に着いたのではない。事務所風なドアの前に立っていた。

「COMPTABILITÉ」（会計課）

その立札が目に入った途端、その意味がやっとわかっておかしかった。

手続きは、十五分もかからずに終った。

大根（Radis noir）

「ウワー、大根おろし！」

それは、まぎれもなく大根おろしだった。

香ばしい焼きたての魚の脇に、ちょこんと、すまして飾られている大根おろし。

日本を離れてもう何カ月、大根おろしにお目にかかっていないだろう。

その夜はミラボー橋近くに住む日本人のO夫人のお招きで、友人と二人で伺った。

かねてからお料理上手な方だと聞いていたので、この日をひそかに楽しみにしていたのだ。さすがテーブルの上は、お料理屋さんのようにセンスよく並べられ、ふと日本にいるのではないかと、錯覚しそうになった。

ワインも入って、楽しい雑談の頃合を見はからって出されたのが、この焼魚と大根おろしだった。

まさかO夫人宅で、焼魚と大根おろしが登場するなんて、夢にも思っていなかった。

何よりもうれしい大ご馳走だった。

パリで日本料理が食べたければ、今はお店が相当多いので、いつでも食べられる。観光客なら日本の二倍も三倍も高い料金を払ってもいいが、勉強に来ている貧乏学生にそんな贅沢は許されない。それに、私たち二人とも、それぞれフランス人の家に下宿しているので、煙を出す焼魚なんて、食べられないものと諦めていたのだ。

大根が、マルシェ（市場）で売られていることを、このとき初めて知った。

ヨーロッパのマルシェは、どこの国に行っても楽しい。活気があり、その国の素顔と食生活を覗けるような気がするから。そしていろいろな発見もあるのだ。

日本の四倍くらい大きいピーマン、倍以上も長いキューリ、根っこがなくて葉っぱばかりのバラバラのほうれん草。どれもキロ単位で売っている。

あの日食べた味が忘れられなくて、大根探しが始まった。日本の大根だったら、白くて誰れかさんの足みたいに目立つから、すぐわかるのに、それが、なかなか見つからなかった。「ラディ」「ラディ」と目で追いながら、何軒もの八百屋をまわってみた。

ある日、郵便局に行く途中で、いつもの八百屋を素通りして、一度も寄ったことのない、マルシェの一番終りの店で、何げなく上段の方に目にした「ラディ・ノワール」(黒い大根)の字。(あちらでは、小さな黒板に白チョークで、名称とキロいくらという値段が、表示してある。その字はくせがあり、私たち外国人にはとても読みにくい)

その値札の下に、チャコールグレーとでもいうのか、二十センチほどの、さつまいもみたいなのが、五、六本、無造作に並べられてあった。黒い大根とは聞いてはいたが、その格好たるや、あの不気味な、ねずみそっくりなのである。「尻尾まである!」

さんざん迷った末、思い切って買うことにした。手にするとそれは、もっとねずみに似ていて、放り出したい気さえした。

家に帰り早速皮をむいてみた。何のことはない、日本の大根と同じ真白な姿に変り、ホッとした。

それからというもの、いろいろな大根料理が、私のレパートリーに入った。

一体、フランス人は、この大根をどんなお料理に使うのだろう。いつか聞いてみようと思っている。

＊Radis noir とは黒い大根の意味。

猫の出番

アール・デコ調の大きなドアを開け、廊下を五メートルほど歩くと、左手に年代ものの古びた木の扉がある。その把手を引いた。

「ムアッ」と淀んだ空気が流れて来た。

葉巻独特の強い香りと、制作半ばの油絵のまだ完全に乾いていない油っこい匂いが入り混じる。暖房の温かさがそれを煽り、何とも言えない複雑な匂いにしていた。

室内に入ると、静かな中に、紙の上を鉛筆の走る音だけが、あちこちから聞こえてくる。
四、五十人、あるいはもっと多いかもしれない。立っている人、大、中、小の椅子に坐っている人、壁に作りつけの階段状の椅子に腰かけている人、さらに床にペタンと坐っている人などさまざまだ。
私は人の間を縫って空いている椅子を探した。しかし、なかなか見つからない。

やっと人の陰にあった椅子を探しあて、音を立てないように坐り、描き始めた。

全員の視線は、アトリエの奥、中央にポーズをとっているヌード・モデルだ。

高さ六十センチ程の小さな舞台のような場所の上には、レンガ色の布が敷かれ、背景はダーク・グリーンの布が上から垂れ下がっている。その前に、すき透るような白い肌、金髪の毛の長い女性が、足を組み、けだるく椅子に坐っている。

多分フランス人のようだ。

冬の短い午後の陽ざしが、天窓から差し込み、だんだんとその先が影を落し始め、わずかにモデルの白い輪郭線をたどっていた。

時計は三時半を廻っていた。それでも電気もつけず、自然の明るさだけで誰も文句も言わずにひたすら描き続けている。電気がつくのは四時頃だろうか。いかにも倹約の精神のゆきとどいたフランス人らしい。

モデル台の横には、大きなダルマ・ストーブが置いてある。このストーブで、この大きな教室が充分温まるのだ。中には半袖の人さえいる位だ。燃えさかる石炭の真赤な炎の色が、蓋のわずかな隙間から強烈に目に飛び込んでくる。

ふと気づくと、ストーブのまわりに黒っぽいビロードの布の固まりが目についた。しばらくしてその布は動き出した。

その場所は特に薄暗かった。突如、二つの丸い点が光った。次々とビロードの布は動き出し、丸い点は六つになった。それは学校で飼っている黒猫だったのだ。いつも廊下を、のっそり散策している三匹の猫たちだ。ストーブの温かさに誘われて気持よく昼寝でもしていたのだろう。いつの間にか三匹ともまた動かなくなってしまった。

パリの地図を拡げると「へ」の字型に、セーヌ川が流れ、手前が左岸、リヴ・ゴーシュである。その真中あたりにモンパルナス大通りがある。その大通りとラスパイユ大通りの交差したところ、ヴァヴァンに私の通っている絵の学校がある。

十代後半から憧れていたパリ。そこに住んでみたかった。本物の巨匠たちの絵が、いつでも間近に見られるし、学ぶことも出来る。

そんな思いを実現したくて、十年勤めた会社を辞め留学する決心をした。

日本で、この学校の入学許可書を取り、留学ビザで、この年の七月に晴れてパリにやって来たのだ。

イヴ・ブレイヤー教室を選んだ。

教室は、午後二時から始まり、月曜日から金曜日まで、一人のモデルを描き続ける。土曜日は、自主制作、総仕上げの日というところだ。

その土曜の午後は、一階にある大きな教室、ホールと言ってもよいほどのアトリエを、一般の人たちに開放し、クロッキー教室になる。

いつも固定ポーズばかり描いているので、短時間でポーズを変えるクロッキーには、動きがあり魅力があった。だから土曜日がとても待遠しかった。私は早々に切り上げ、階下のアトリエへと向かった。

アトリエの中には、常連の顔があちこちに見られる。中でもベレー帽を被り葉巻をくわえた髭の立派な紳士は、いつも目立った存在だ。

きれいに厚化粧したお洒落な老マダム。ファッション雑誌から抜けて来たような、ボーイッシュなパリジェンヌ。ベレー帽を斜めにきめて、格好をつけたパリジャン……。

老若男女さまざまだ。

この土曜日は、芯から絵の好きな人達が、このアトリエに、活き活きとして集まって来るのだ。

「ルポー」（休憩）

と言う声が終るか終らないかのうちに、堰をきったように、こらえていた咳払いや話声が始まった。煙草や葉巻の煙が、さらに空気を濁らせる。

いつも隅に陣取って、自分の指定席といわんばかりに坐って描いている太目のムッシュが、やさしい目で挨拶を交わして来た。

隣の中年マダムが話しかけてくる。

「このモデル、気に入らないわ。身体はきれいだけど、ツーンとすまして、お高く止まっていると思わない？　ネェ、あなたどう思う？」

私は言葉ではなく、小さく頷く。

十分の休憩時間は、またたく間になくなってしまう。

今度は立って描こうかな。そして鉛筆でなく、コンテで描くことにしよう。

「始まり！」

と言う声がした。ざわめきが消えた。だがモデル台にモデルが戻って来ていない。

時間を守らない事には慣れているので、誰も何も言わずに待っている。

と、その時、さっき迄ストーブのそばで寝ていた一匹の大きな黒猫が、ノソッとモデル台に飛びのり、中央にゆったりとやって来た。

前足をグーンとのばし、気持よさそうに大きな欠伸をしたかと思うと、
今度は、ゴロンと横になり、前足、後足をきちんと揃えて、堂々と見事な

寝ポーズをとったのである。
前列に坐っていた一人のムッシュが、独り言にしては大きすぎる声で言った。
「今度は、猫の出番かね！」
ドッと笑い声がアトリエ中に響きわたった。
休憩時間も大分過ぎた。悪びれた風もなくモデルは戻って来た。
一斉に浴びる冷たい視線をものともせず、モデル台に登った。
しかし、寝ポーズをとっている猫はどこうともせず、同じポーズを続けている。
しかたなく、猫の居場所を避け、立ちポーズをとった。
明かりがついた。猫の真上の光が、艶やかな黒い毛並みを照らしている。
黒猫は、いつ迄も悠然と寝ポーズをとっていた。

Vous vous êtes trompée!（間違っています！）

「Vous vous êtes trompée!」

今まさに掌の上に返って来た「おつり」を見て、私は咄嗟にこの言葉を言っていた。

そして、その「おつり」を、そのままの状態で目の前にいるムッシュに差し出して見せた。

その声が、その言葉が、後ろに並んで順番を待っていたマダムたちに聞えたらしく、

「どうしたの、マドモアゼル？」

と、私の両脇に寄って来て、質問をして来た。

「このムッシュ、私が五〇〇グラムの『ジャガイモ』を注文したのに、一キロの値段をとったのです！」

私は秤の目盛りが、五〇〇グラムを指していたのをしっかり見ていた。

「それがこの『おつり』です」

と掌の上にのっている硬貨を見せた。

「ムッシュ、エトランゼ（外国人）だからって、ごまかしてはいけないワ」

「ちゃんと正確に『おつり』を返しなさい！」

と口口に厳しい口調で私に応援してくれた。ほんとうにうれしかった。

チェックのハンチング帽をだらしなく被った、二十四、五歳ぐらいの八百屋のムッシュはマダムたちから怒声を浴びせられ、ふてくされた態度で、泥のついた汚れたエプロンのポケットに手をつっこんだ。

ジャラ、ジャラ、ジャラと小銭を掌にのせ、その中から数枚の硬貨を取り出し、しぶしぶ返してくれた。

後味がすっきりしなかったけれど、やっぱり思い切って言ってよかったと思った。

後ろに並んで応援してくれたマダムたちにお礼を言って、その場を後にした。

「二度と、こんな店に来るもんか!!」

と、日本語で叫んで、その場を後にしたかった。

勿論、二度とこの店には行かなかった。

「ジャガイモ」はすぐに「芽」が出やすい。

冬など、暖房のきいた部屋に置いておくとすぐ「芽」が出てくる。

その「芽」はソラニンという「毒」がありそれで少量、五〇〇グラムずつ買っていたのである。

自由に使えるキッチンで、大好きな「カレー」「肉ジャガ」を作ってみたかった。

だが間借りしている身、自由に使えない立場である。

広い（二十畳くらい）キッチンの片隅に、私用《わたしよう》の電気コンロ（今で言うＩＨみたいな、蓋が閉まると小さな冷蔵庫のような大きさ）を用意してくれていたが、マダムがそのキッチンにいる間は、やっぱり使えなかった。

特に私はカレーが大好きである。また作り方にも凝っていた。

まず、みじん切りのニンニクを、バターで炒め、次に、みじん切りの玉ねぎを、十五〜二十分位炒めるところから始まる。

あたり一面、香ばしい匂いが充満する。

私にとっては、それは良い匂いであるが、他人はどう感じるかが問題である。

また、本家のガス・コンロの上には「換気扇」があったが、私のコンロの上にはなかったのである。

ヒステリックなマダムの顔をうかがいながら調理をする気にもならなかった。

勿論、夏のヴァカンス中の家主の留守をねらって友人を呼び「カレーパーティ」をしたりして大いに楽しく過した。

例の「ジャガイモ」は部屋の一番涼しい場所で「今か！」「今か！」と出番を待っている。

靴の音

長い廊下をコツコツと足早に近づいてくる靴の音……。いやな予感がする。

私の部屋のドアの前でピタリと止るやいなや、ドア越しに、

「マドモアゼル、テレホン！」

ご機嫌のよくない声である。

この家の昼食の支度の最中に、かかってくるなんて……。「いったい誰？」

呼び出しなのだからその家が、今何をしているかぐらい考えてくれてもいいのに……。

きっと日本人の友だちに違いない。馴れっこになっている軽い気持で、思いついたらすぐにかける悪い癖。

今日もまた、この「身勝手な突然の侵入者」に苛立ち、困惑する。


三年間のパリ生活で、私は三軒のフランス人の家庭に下宿した。「スチュディオ」という「ワンルーム」だけの生活もいい。自分の時間が自由に持てるから。だが、せっかくフランスに来たからには、フランス人が、どんな生活をしているのか、覗いてみたくてしかたがなかった。

その頃は好奇心でいっぱいだったのだ。

一軒目は、と言ってもパリは、ほとんどアパルトマン。エレベーターもない八階建ての古い建物。その三階（実際は四階。一階を「レッドショセ」といい○《ゼロ》階になる）に住む、八十歳を過ぎた一人住いのマダムの家だった。

そのマダムは、グレーの毛並みだけきれいな、大きな猫と暮していた。

二部屋あり、そのうちの一部屋を友人が借りていたが、結婚する事になり、そこを出るという手紙を私は日本で受取った。

留学するに当り、住む家がきまっているという事で、安心して渡仏する事が出来たのである。

私はその部屋を借りることにした。

日本人の女性は、きれい好きで、おとなしい（文句を言わない）ので、どこの下宿でも喜ばれているという。

しかし、てっきりあると思っていた「お風呂」が、なんとこの家にはなかったのである。

「ドゥーシュ」というシャワー室すらない！

日本の我が家のお風呂のありがたさを、この時ほど思い知らされたことはなかった。

パリに「お風呂屋」さんのあることも、その時知ってびっくりした。後学のため、私も勇気をもって行ってみた。

勿論、日本の銭湯のような大きな湯舟が、あるわけではない。やっぱりそこは個人主義のお国。個室になっていて「シャワー室」と「バスタブ」の部屋に別れている。

料金は、やはり異っている。私は「シャワー室」を借りた。

時間が三十分ときめられていた。内側から鍵がかからない。急にドアを開けられてもと、そこはフランス、係のムッシュに「チップ」を渡すことになるのである。

それも毎日あるわけでもなく、週に二日、「木曜日」と「日曜日」だけだった。

木曜日は、午後二時~午後五時。

日曜日は、午前九時~午後一時。

友人のところに借りに行ったりしたが、お風呂好きな私にとってやりきれなかった。

「電話」はあった。

入居して開口一番、「緊急の用以外は、利用しないこと」「やたらに電話番号を教えないこと」と、くどくどと言うのだ。もっともな事なのだが――。

パリに来たばかりであったたし、友人も少なく、ほとんど、かかってくることもなかった。「お風呂がない」ことが最大の理由で、この家と二カ月間でお別れした。

二軒目の家は「ロマン・ローラン通り」なんて洒落た名前の住所で、近代的なマンション風の建物の二階であった。

中年夫婦と娘二人の四人暮しの家庭である。

夫婦は四十代位、娘は、上が高校生、下が中学生。二人共、美人の姉妹だった。

この家を見つけたのは、夏休みに通っていた「フランス語学校」の掲示板の貼り紙でだった。

九月半ばから開講するまでに何としても、お風呂のある家に移りたかった。

その掲示板に書かれていた家には、勿論、「お風呂」があった。

ところが、これも後から気がついたのだが、この家には「電話」がなかった。

急の連絡がとれなくて、わざわざ友人が訪ねて来て、何事かと驚かされたが、その時だけ電話の便利さを感じたものの、あとは前もって手紙で用が足りた。

フランス人は手紙を書くのが大好きである。だから電話がなくても平気なのである。

この家には秋に引越し、昼はほとんどアトリエで過し、午後、部屋にさし込む太陽の光の位置がわからなかった。

翌年の夏休み、部屋にいることが多くなって、この部屋が西日をもろにうけることに気がついた。ガラス張りの大きな窓、照りつける光と暑さに、どうしても耐えられなかった。

勿論エアコンなんてない。

ちょうどそんな時、日本に帰国する女性に出会い、その後を借りることにした。

お風呂も電話もあった。

若夫婦と小さな子供二人の四人暮し、若いのにスゴイ家に住んでいるナと感心した。

二十畳はありそうなリビング、長い廊下の片方は窓、その一方に大きな客間、寝室、子供部屋そして私が借りる部屋、浴室とトイレは二つ。どの部屋も十畳以上ある広さである。

今迄の家とは雲泥の差である。私は本当にうれしくて幸せを感じていた。

だが何故か、マダムがヒステリックなところがあるのが気になった。

以前の二軒の下宿のマダムたちは、短期間であったが、「ＹＯＳＨＩＫＯ」「ＹＯＳＨＩＫＯ」と呼び可愛いがってくれたが、このマダムは「マドモアゼル」と言うだけで、名前を帰国する迄聞こうともしなかった。

疲れないのだろうか、彼女は年中かかとの高い靴を家の中ではいていた。

廊下は木の床で、彼女の靴の音は、その日その時の表情が奥の私の部屋にまでよく響いて聞えた。

ウキウキした足音の夜などは「やっぱり」と思った。早目に子供たちを寝かしつけ、夫婦でパーティか映画にでも出掛けるのだろう。

こんな時は、私の部屋のドアをノックして「マドモアゼル、私たちこれから出掛けるの」と猫なで声で言う。今夜はバカにきれいだ。

九時半ごろ、ドアの閉まる音がした。ご帰宅は今夜も真夜中だろう。

深夜、何度かマダムの靴の音で目がさめた事があった。人が寝てようが抜き足、差し足なんていう気配りはまったくない、いつも同じである。

シーンとした真夜中だから、その音はよけい大きく響いた。

二年近くこの家にいたのに、ご主人の靴の音を聞いたことはなかった。

大晦日の午後

「あなたですよ！」

隣りの銀縁メガネの初老のマダムが、小声で私に囁いてくれた。

「エッ！」

本当に、本当なのだろうか……。小さな黄色の紙に印刷されている紺の数字、六桁の番号をジィっと追っているのだけれど……、まだ、しっかり読み取れない。日本語だったら、すぐわかるのに……。

「早くしなくては」という思いが頭をよぎる。

こうなったら隣りのマダムの言葉を信じるよりほかはない。

「それは私です！」

と言うのと同時に、私は右手を高く上げていた。

少し赤ら顔のお腹の出た小太りのムッシュが、壇上からその紙を受取り、自分の持っている当選番号と照らし合せている。

手を上げたものの、本当に当っているのだろうか、この目でしっかり番号を読みとっていないだけに、気が気でなかった。

ライトに光る銀色と真赤なリボンの瓶を、高々と持上げ、大きな声で、

「シャンペーンの当り！」

やっぱり本当だったのだ。うれしさと同時に、今迄の不安のぬけた気持が複雑にからまった。

一瞬静まりかえっていた人々のざわめきが、聞えて来た。そして一斉に私にそそがれる視線も感じとれた。

私はインタビューを受けていた。

「お酒とシャンペーンと、どちらが好きですか?」

「シャンペーン」

と答えていた。ゆっくり考えるゆとりなんて、まったくない。すっかり上がっているのがわかった。お酒だって美味しいのに、当ったのがシャンペーンだったから、そう答えたのだろう。

それにしても「酒」という言葉のひびきに一瞬、私はハッとした。まわりは皆、目の色の違うパリジャン、その中にたった一人、私は外国人だったのだ。この時はじめて、私は「日本人」であることを自覚した。

住所と名前を書くように差出された白い紙が、ライトに当ってまぶしかった。

今日は十二月三十一日、大晦日である。

日本にいたら大掃除などして忙しい時を過ごしていることだろう。私はこの年の七月十三日に日本を出て、当時は南廻りで二十三時間かけてフランスにやって来た。パリに住んで、まだ五カ月ちょっとということになる。

やっと出来た友人たちと、今晩はパーティをすることになっていた。何か手みやげの品を探しに、このスーパーに出掛けて来たのだった。ここはモンパルナス大通りを少し入ったところにある、パリの中でも五本の指に入る位の大きなスーパーである。

一階が衣料品、化粧品、おもちゃ類、地下が食料品売場である。エスカレーターで降りていった。男の人が降りて来た客に、券を渡していた。何だかわからなかったけれど、私も皆と同じようにもらった。

多分、入口のところあたりにポスターか何かで掲示されていたのだろうけど、私にはまったく何が何やらわからず、皆と同じようにただその券をしっかりと持ったまま、カートを押して何にしようかと、ぐるぐる売場を回っていた。

突然、何かアナウンスしている声が聞えた。

人々が何かに引き寄せられるようにして、スーパーの一角に集まっていくのがわかった。

好奇心の強い私は、いったい何が始まるのか、何か事件でもあったのかと人々の行方を追っていた。

すると、壇上に人が立ち、マイクを持ってしゃべり出したのである。私も引きつけられるようにその場に行って、何が始まるのか見守っていた。壇上には、きれいにリボンのかけられた品が積れてあった。

さっきの券とこの品とを結ぶ接点が、まだ私にはわからなかった。

番号を読み上げる頃になって、私はやっと日本風の福引であることに気がついた。

番号を読み上げるたびに起る歓声と溜め息……。おもちゃ、チョコレート等の景品を受け取った人に、フランス人らしいウィットのある質問に大きな笑声が絶えない。何とも楽しい雰囲気であった。

フランス人にしてみれば、何のことはない。毎日使っている数字。子供の時から数えている数字であるが、この六桁の数字、フランス語の読み方のなんと難しいことか。

例えば、80＝4×20《キャトル・ヴァン》であり、90＝4×20＋10《キャトルヴァン・ディス》と読む。それを言葉で言うのだから、すぐにピンとこない。私だって読むことは出来るのだけど、言うのと聞くのとでは、まったく違うのだ。

ましてフランス人は早口である。

福引にしても、日本だったら当選番号をすぐに皆にわかるように紙などに書いて掲示するのに、ただ二、三回読み上げるだけである。

ああ、それにしても、あの隣りの親切なマダムが教えてくれなかったら……と思うと、お礼も言わずに別れてしまったことが、今も悔まれてならない。

インタビューを受け、景品を受取っている間に見失ってしまったのである。

スーパーを出ると冷たい風が肌にささった。

新年を迎えるショーウインドウの照明が、美しく輝く通りを、しっかりシャンペーンを抱えて友人のアパルトマンへと向かった。

ドアが開かない！

かじかんだ指に、思いっきり息を吹きかけた。ほんのわずか、温かくなったような気がした。

もう一度「キー」を鍵穴に差し込み、左に廻そうとする。だが、ぜんぜん動いてくれないのだ。同じ動作を何回もくり返していた。

私の前に立ち塞がっている、冷えきった鉄の大きな扉は、ビクともせず完全に動かない。

あの「カチャ」という聞き馴れた音。ドアが開く瞬間の、今、家に辿り着いて初めて聞く安堵感とぬくもりのある音！　その音を期待しながら、この寒さから一刻も早く逃れたくて必死になっていた。

今迄ついていた背後のかすかな明かりが、消えた。真暗だ！

暗闇にオレンジ色の小さな目印、それが、「明かり」のスイッチの位置。そこに行く。

電気がついた。その明かるさは「廻り階段」と「手すり」の位置が、やっとわかる程度のものである。頼りになるのは、この明かるさだけだ。

何ワットの明かるさだろう。

また、この電灯は、時間になると「切れて」しまう仕組になっていた。何分間なのか、計った事はなかった。多分、五分位ではないかと思う。腕時計を見てもわからない暗さなのだから。

この廻り階段を利用するのは、屋根裏部屋に住んでいる人たちである。

またかつて「女中」、今でいう「お手伝いさん」を雇っていた時代は、彼女たちの出入りする「勝手口」の階段でもあった。

その「勝手口」が、今は私がこの家に入るための「玄関」なのである。かれこれ二十分位は経過しただろうか。コンクリートの冷たさが、足元から伝わってくる。「明かり」が切れてしまう前に、これが最後と、もう一度試みてみた。やっぱり駄目だった。

こうなったら、家主《やぬし》の玄関から入れてもらうしかないと、決心した。廻り階段の二階（実際は三階）から降りてゆく。階段の途中で真暗になるのが、とても恐かった。頃合を見計らってスイッチを何回押したことだろう。やっと一階に着いた。何回このオレンジのスイッチを押した事だろう。階段の途中で消えるのが恐かったので、消えそうになる前にスイッチの前で待つことにした。

この建物から外に出た。そこは狭い空間であったが、中庭になっている。

上を見上げると、いま出て来た建物と、隣の建物との間に出来た、狭い空があった。

今にもその間から「ドスン」と重たい灰色の固まりが、落ちて来そうだった。


この家に住むことになって一度も正式な「玄関」から入った事がなかった。内心緊張した。

この八階建の建物、いわゆる「アパルトマン」の住人が、出入りしている大玄関。大きなドアのボタンを押した。重みのある音と同時にドアを開けた。

中に入ると、ムアッと温かい。右手に階段、中央に旧式の「籠つき」エレベーターが構えてある。

ボタンを押す。上から「ガタン」「ガタン」と音を鳴しながら降りて来た。手動式のドアー。中に入り「2」を押した。

ドアーを手で開けた。目の前、二、三メートル先に、大きな扉、それが玄関である。ワンフロアーがこの家のものなのである。

深呼吸をしてから、ベルを押した。

しばらくして、扉の中から聞きなれたマダムの声。扉を少し開けて、私だとわかると更に広く開け事情を聞いてくれた。

温かい空気で、体中がほぐれてゆくのがわかった。

玄関から入ったところは、よく映画で見たことのあるような風景がそこにあった。

足元には、模様入りの赤い絨緞がしいてあり、天井からシャンデリア、突当りの壁が全面鏡になっている。その鏡にシャンデリアの光りが映り、更にきらびやかにしていた。

まるで映画女優になった気分であったが。

さっき迄、こごえていた、あわれな姿が鏡に映るのを避けながら中に入っていった。

長い廊下を進み、突当って左に曲り、その奥が私の部屋である。

この豪華な家に住むようになったキッカケは、本当にひょんな事からだった。

夏休みのある日、友人がスペインに行く為の航空券を買いに行くと言う。どこで聞いたのか、そこは格安なルートで買えるのだとの事。私もいつか日本に帰国する時、利用できるかもしれないと、一緒についていった。

そこは店舗ではなかった。マンションの小さな部屋にデスクを置き営業していた。

二、三人の日本人が、手続きなどをしていた。

その中の一人の女性が、帰り際、パスポートを持ったまま私に近づいて来た。

「一週間先に、日本に帰国するのですが、私が住んでいるフランス人の家に、誰れか住んでもらいたいのです。どなたか心当りの人はいませんか？」

その家は、夏のバカンスに長期間、留守にする事、また、夜、出掛ける事が多く（パーティ、食事、映画鑑賞など）夜間、子供（六歳と三歳）を寝かせてから外出するので、帰宅する迄、出来るだけ家に居て欲しいという条件があった。

丁度その頃、私は家を探していたので、飛び上るほどの気持でこの話に耳を傾けた。

そして、ナンと私は、彼女がその家に帰るのに同行してしまったのだ。

部屋を見た途端、あの憧れていた本当のフランスの家だったのである。

フランス風の「ペチカ」、その上に大きな鏡、全部「白」で統一されてあり、まわりが彫刻で飾られてあった。

窓のカーテンは、深い赤のビロードが上から垂れさがり、古いフランス風の部屋がすっかり気に入ってしまい、即マダムにお願いして許可をもらった。

それから帰国する迄の約二年間を、この家で暮らした。

＊寒さで鍵が開かなくなる事を、この時初めて知った。

パ・ジョリ・ムッシュ（Pas joli Monsieur）

メトロ四号線「ＶＡＶＩＮ」で降りた。

いつも通っている絵の学校の下車駅である。

地上は、かつて有名な画家たち、ピカソ、マチス、日本人の藤田嗣治などが毎晩のように集まって芸術論を交わした街「モンパルナス」界隈である。

その名残りのカフェが、通りの角などに、今も健在で威厳を保っている。

ホームから階段を昇り、地上に出る重い扉を押して開けると、そこに広がる視界は、青い空と、まぶしいばかりの太陽の光。そしてモンパルナス大通りの風景が目に飛び込んで来る。いやおうなしに聞えてくる車の喧騒は相変らず止むことを知らない。

目の前にある「ＶＡＶＩＮ」の交叉点は、幾重にも通りが交わり特に複雑で、多分六叉路はあるような気がする。

これから向かう目的地の舗道に、たどり着くのにも二つの通りを渡らなければならなかった。一つ目は、ラスパイユ大通り、そして、名前を知らない小さな通りである。

この二つの通りを渡るのに、一つの信号で渡らねばならなかった。信号が、黄色から赤になる寸前に渡ろうものなら、車の群からそれぞれ音色の違った、クラクションが鳴り響く。それは、とてもうるさくて日本人には堪え難いものだ。

だがフランス人は、危険も騒音も気にもせず赤ランプの中を堂堂と渡って行くのをよく見かけた。

しっかり「青」になるのを待った。

これから渡る舗道を、何げなく見ていた。

一人の若い女性が、片手に地図らしき紙をもち、街角のプレート（通りの名前が標示してある）を見上げては、その紙と見くらべている動作をくり返していた。

身なりといい、背格好といい何故か見覚えのある懐かしささえ感じる姿、どう見てもそれは「日本人」に間違いないと思った。

それに、言ってはなんだけど、パリに来た「おのぼりさん」に見えてならなかったのだ。

信号が「青」になり横断歩道を渡り、私はその女性に近づいていった。

「日本の方ですか？」

突然、声をかけられ、それも日本語であったからか警戒心にみちた怪訝そうな面持であったが、相手が女であり外見からしても怪しい者でないことがわかると、途端に安心したかのような顔つきになった。

「はい」と答えた。

「このホテルに行きたいのですが、この通りがぜんぜんわからなくて……」

と小さなメモ用紙に書かれてあるホテル名と住所を渡された。

「ああ、このホテルなら私、知っています。

これから行く学校の近くなので、ご一緒しましょう」

早目に出掛けたので、時間に余裕があった。

彼女は安心したかのように、私と並んで歩きはじめた。

「日本の方にお会い出来て、本当によかった」と話の合間に何度もくり返して言った。

彼女の名前は「山本冴子」と言い、ＯＬで有給休暇で初めての海外旅行を、以前から憧れていた「パリ」にしたとのことだった。

今日、午前中はパリ市内観光をした。でも時差ボケで、あの有名なノートルダム寺院や、モンマルトルの丘など、あとで地図と照らし合せないとパリのどの位置かぜんぜんわからない、と嘆いていた。

訪ねる人は、日本のN市の彼女と同郷の人で、有名な絵かきさんであるという。

今、開かれている「サロン・ドートンヌ」という展覧会に出品しているので、パリに来たら是非、見て欲しいとのことであった。

「エッ、その展覧会に私も出品しているわ。今日はこれから学校だけど、明日は日曜日なので、私も見に行くつもり」と言うと、彼女は安心したかのように喜んだ。

フランスに留学して、初めて展覧会「サロン・ドートンヌ」に応募し入選した。その入選通知が届いた時、封筒を切る瞬間のハサミの震えを今でもはっきり覚えている。

一昨日その通知を受けとり入選した絵が、展覧会場のどんな場所に飾られているのか、とても楽しみであった。


「エスプレッソ」と「葉巻」の入り混った匂いが、あたりに漂ってくる。これが「パリの匂い!!」。私は、この香りが大好きだ。

カフェの軒下に並んでいるテーブルに、今日は誰れも坐っていなかった。
二、三軒先にある花屋から、今度はさまざまな花の香りが漂って来た。
いつもなら、ウインドウの中の花たちの表情を楽しみに眺めて通るのだが、今日はそんなゆとりがない。道案内しているのだ。

その花屋の角をまがった。この通りには、私の通っている学校と、画材屋、絵の専門の本屋など絵に関する店が軒を連ねている。

かつて有名な画家、モディリアーニが住んでいたというアパルトマンの前を通り、奥へと進んでいった。

この通りのホテルには日本の絵かきさんが多く逗留している。特に展覧会会期中は目立った。二、三人の日本人にすれ違った。皆、絵かきさんのようだ。

ホテルの番地は偶数であった。パリの番地は、本当にわかりやすく、通りの名前さえわかれば簡単である。左右で、偶数と奇数にわかれているので、迷う事はないのだ。

目的の小さなホテルに着いた。

中は薄暗く、レセプション（カウンター）の明かりが目立っていた。

中年のマダムが、金のチェーンで繫がっている金縁の眼鏡をはずしなが

ら、

「ボンジュール、マドモアゼル。きょうはお泊りですか?」

とにこやかな顔で応待してくれた。

「いいえ、このホテルに泊っている人を、訪ねて来ました。三〇二号の『K』さんです」

「ハイ。少しお待ちください」とマダムは言い、「三〇二」「三〇二」と聞えるか、聞えないような声で言いながら、鍵がずらっと並んでいる奥の壁の方に進んでいった。鍵が並んでいることはみんな外出していることである。「三〇二」号室の鍵も、定位置にかけられてあった。

両肩を上げ、両手で「NON」の大げさなゼスチャーをしながら、

「残念ながら、外出していますネ」

と言った。

そして、ほんの少しの間をおいてから、

「その人、日本人ですネ。そう言えば、たしか三十分前に出掛けた人に違いないワ」

少し間をおいてから、

「その人、パ・ジョリの人でしょ⁉」

「エッ！　今、マダム、パ・ジョリの人って言ったわよネ！」

と私は冴子に聞いてみた。

「エエ、私もそう聞きました。

『パ・ジョリ』って何のことですか？」

私はまだ会ったこともない「K」さんのことを彼女にどう説明していいのかとまどった。

冴子は私が言いそびれているので、よけい気になるらしく問い詰めてくる。

「『パ』は否定の意味。『ジョリ』は『美しい』の意味なの。

まだ『K』さんにお会いしてないのでわからないけど、本当なの？」

「エエ」とうつむきながら、小さな声で答えた。しばらくの間、沈黙の時が流れた。

翌日、午後二時に、グロン・パレの正面入口で彼女と待合せした。約束の時間より十分前に着いたが、冴子はもう待っていた。彼女は入場券を買った。私は入選者の証明の赤いカードを見せて中に入った。

飾りつけてある部屋番号の掲示板を見に行った。アルファベット順に名前が書いてあり、その横に「部屋番号」が手描きで書いてあった。

まず「K」さんのと、私の番号を確めた。

そして「K」さんの部屋に近づいていった。

その部屋には、すでに二、三人の人が見ていた。その中の一人、黒いベレー帽を被った人に冴子はすぐに近づいていった。

ベレー帽の男性は冴子と親しげに喋っていた。しばらくして、くるりと振りむいた彼はマダムの言った通りの顔であった。

でも、でも、心はきっと「ジョリ！」に違いない、と私は思った。

コーヒー・ミル（Moulin à café）

ＣＤをかけていた。
リチャード・クレイダーマンの「渚のアデリーヌ」から始まった。
今「午後の旅立ち」が終ったところだ。
彼の甘いピアノの旋律は、日曜日の昼下りに何故かピッタリ似合っていると思う。
そろそろコーヒーが飲みたくなって来た。
「ガリッ、ガリッ、ガリッ、ガリッ、ガリッ」

手の動きと共に、その音は出てくる。なんと原始的な音だろう。

今迄聞いていたＣＤの音をかき消し、あたりの物音すべてを遮断し、３ＬＤＫのマンションの部屋中に響きわたるコーヒー・ミルの轟音。

手ごたえのある重みを掌いっぱいに感じながら、ひたすら「グルッ」「グルッ」と廻す。

少しずつ豆の皮がはじけ、砕けてゆく感触が指に伝って来る。と同時に、あのコーヒー独特の香ばしい匂いが、あたりに漂い始めた。

そして指の動きも徐々に軽くなってゆく。

「グラッ」と空まわりした。挽き終ったのだ。

引き出しから出来たての焦茶色した新鮮な粉末を取り出す。

曲は「ドランの微笑み」になっていた。

夕方の爽やかな初夏の風が吹いていた。

アトリエの帰り道、いつものように下宿に近い行きつけのスーパーに寄った。

店に入るなり「オヤ！　いつもと様子が違う」と感じた。

商品の入れ替えなのだろうか。陳列棚の模様替えでもなさそうだ。

レジの近くに、今迄一度も見たことのない会議机のようなテーブルが置かれてあった。

その上に四角いダンボールの箱がのっている。

その箱は、前面に直径二十センチ位の丸い穴が切り抜かれ切り口のまわりにガムテープがしっかり貼られてあった。丁度、小鳥の巣箱みたいだ。

その前で、客が数人小さな紙切れに何か書いては、その穴の中に入れていた。

その様子が気になって、買物どころではなく、ジィッと立ち止って観察していた。

人影が少なくなったので、私もその箱の前に行ってみた。箱の横に小さな紙が置いてあった。恐る恐るその一枚を取ってみた。

「氏名」「住所」「電話番号」の欄がある。

何だかわからなかったけれど、それだけなら何とたやすい事だ。もしクイズだったら仏和辞典がいるのに——と思いながら早速、私もその紙に記入してその丸い穴に入れた。

それから数日がたち、そんな事などすっかり忘れて、またそのスーパーに買物に出掛けていった。

厚いガラスのドアを押して入った（日本のように自動ドアではない）。ドアの開閉のたびにその風圧で左の壁側で、「ヒラ、ヒラ」という微かな音が聞えた。

その方を見ると壁に小さな白い紙切れがずらっと並んで風で動いていた。いつも宣伝広告が所狭しと貼ってある掲示場所だ。

その前に人だかりがして、ガヤガヤ楽しそうな気配である。引きつけられるように私もその方向へ進んでいった。

白い大きな紙に、

○Farine（小麦粉）１kg

○Huiled' Olive（オリーブオイル）１ℓ

○Sucre（砂糖）１kg

○2 Café grain（コーヒー豆）２５０g×2

と、そこ迄見て来て、何かすごい引力のようなものを感じた。見覚えのある筆跡！

「エッ！　私の書いた紙じゃないの！」

改めて、上の項目を見た。「コーヒー豆・二袋」の下に、その紙は並んでいるではないか。判りやすく、書道でいう楷書のような字。

それは、まぎれもなく私の書いた字だった。

「コーヒー豆」が当ったのだ。

うれしかった。たかが「コーヒー豆・二袋」が当ったと言ってしまえば、それだけの事かもしれないが、ここは、パリなのである。

誰れかに話したい。一刻も早くこの喜びを日本の家族に知らせたい心境である。

この景品がいつもらえるのか、近くにいた金髪のチャーミングな女店員に聞いてみた。

今週の土曜日からとのこと。身分証明書を提示して身分を明らかにしてから渡すのだそうだ。

なんてフランス人って合理的なんだろう。

応募者本人の書いた紙を、当ったらそのまま貼るなんて——。こんな事も日本と違うところなんだとつくづく感心した。

縦十三センチ、横九センチ程のオレンジ色をした滞在許可書（Carte

Séjour）。二つ折りの中に顔写真が貼ってあり、氏名・生年月日・現住所・国籍の記された証明書を持ち、土曜日、いさんで出掛けていった。サインをした後、晴れて「コーヒー豆」二袋を手にした。

しかし、当選したコーヒー豆は手にしたものの、「コーヒー・ミル」を持っていなかった。

コーヒー好きな私は、コーヒー専門店で、希望の豆をその場で挽いてもらって、家で飲んでいたのである。

とうとう買う羽目になってしまった。

友人と一緒に買いに出掛けた。デパートの売場には何種類もの器具が並んでいた。

電気で一切が出来上ってしまうのは、いつも味が統一されてしまいそうで買う気にならなかった。蓋のないものは埃が入りそうだし……と見ていた。と、その時、隅の方に隠れるように置いてあったコーヒー・ミルがあった。

黒い鉄の丸い鋳物の蓋、くすんだ木製の引出し付き、手動式のものだった。

記憶の片隅に、ビュッフェの絵の中にある、それを発見したのだった。それは、私に「買って！」と言わんばかりで魅きつけられてしまい、迷うことなく買ってしまった。

下宿の私の部屋で、ピンクと白のチェックのテーブル・クロスの上で、この手動式の「コーヒー・ミル」は、それなりに絵になった。

ボックスの木の面の少しカサカサした肌ざわりが気になり、サラダオイルを塗り、しばらく放置して布で磨いてみた。油が浸みこみ、少しではあったが黒ずみ、何年も使っていたような貫禄が出てきた。

ネジで粗さを調節し、早速あのコーヒー豆を入れた。手加減で廻すたびに出る香りが漂う。

挽きたてのコーヒーは、やっぱり美味しかった。香りが全然違うのだ。天井の高い、十四畳以上もありそうな下宿の部屋いっぱいに香りが充満し、あたかも喫茶店にいる気分である。

このコーヒー・ミルのことをどこで嗅ぎつけたのか、以前よりも友人が訪れるようになった。そして楽しいおしゃべりがはずんだ。

帰国の際も、かさばったが、手荷物の中に入れ大事に持ち帰った。

レトロのこのコーヒー・ミル、今も原始的な音を家中に響かせながら、思い出を、セピア色にして香りを楽しんでいる。

口紅（Rouge）

木漏れ日から出来た、さまざまな光の模様が、地面でゆれていた。そんな光景を、さっきからずうっと見ていた。

通り過ぎてゆく風が、葉っぱの青い匂いを残していった。

「午後二時、グロン・パレの前」

「じゃ、明日ね！」

きのうの電話で最後に約束した時間、二時になっていた。

由依は現われない。今迄約束した時間に遅れて来た事がなかったので心配になった。

多分、彼女もここに来るのにメトロ「シャンゼリゼ・クレモンソー」で下車するに違いないと、その方を見ていた。

その方角はシャンゼリゼ大通り。絶間なく車が往来している騒音。その音は息つく暇もなく鼓動していた。

時折、クラクションが鳴り響き、何事かと驚かされた。

腕時計を見た。長針が二時の位置からかなり離れて進んでいた。

と、その時、「ごめんなさい！」と言う意味だろう、両手で拝むようなゼスチャーで、足早に近づいて来る人が目に飛びこんで来た。

由依だ！

白いTシャツに、ブルーのジーンズ。病上りの蒼白な顔が、徐々にこっちに近づいて来る。

その口元には薄っすら口紅が塗られていた。


由依は、東京でOLをしていた。ここパリに来る半年前までは。

子供の頃から絵が大好きで、夢は絵描きになることだった。しかし、いろいろな家庭の事情もあって、それは許されなかった。

大学を出て、商事会社に十数年勤め、ある程度の留学資金も出来、やっと念願のそして憧れのパリに留学したとの事だった。

そして留学手続をとり、私と同じ絵の学校のアトリエに籍を置くことになった。

毎年、秋に「サロン・ドートンヌ」展は開催される。

アトリエの数人が、今年も応募するか否かを話し合っていた。私も昨年、初めて応募した。

三〇号の裸婦像、タイトルは「或る日」が入選した。

本当にうれしかった。すぐに東京にいる姉に手紙で報告し喜んでくれた。

その事を由依に話すと、是非、私も応募してみたいという。

六月半ばから夏休みは始まる、その間に、描いて出すと意気込んでいた。

その展覧会の申込みは、絵の搬入の二カ月半前からである。日本では申込みをしてから、後日申込金を払うのだが、「申込書」と同時に支払わなければならない。学生にとってその申込金はとても高かった。

まさか、その夏休みに、彼女が病気になるなんて——。考えられなかったことである。


一八八九年、パリ万博の時に建てられた「グロン・パレ」はセーヌ川をまたぎアレキサンドル三世橋の横にある。名が示すような大きな建物である。

内部は色々な催事が出来るようになっていて絶えず催事が開かれている。その広い一部分で、年一回、秋に催される美術展、「サロン・ドートンヌ」は開かれる。

私が初めて応募した年の「ヴェルニ・サージュ」（開催日の前日）には、会場の入口に、閲兵隊が並び、文部大臣やら、おえらい人達がお目見得して驚いた。

さらに驚いたことは、私に届いた入選の通知の封筒に貼ってあった切手の消印であった。

ナンと、「サロン・ドートンヌ」を開催する「グロン・パレの絵と開催日」まで印されてあったのだ。国を挙げての展覧会！　さすが芸術の国フランスだと感心した。

由依と私は、グロン・パレの大きな入口の前を通り、左に進んでいった。誰れもが素通りしてしまいそうな小さな入口「PORT・H《ポルト・アッシュ》」が、そこにある。

無機質なコンクリートの建物の入口の重いドアを開けた。地下独特のヒンヤリとした、少しカビ臭い匂いの冷気が鼻につく。

その地下に「サロン・ドートンヌ」の事務局があるのだ。

薄暗い廻り階段を降りていく。

シーンと静まりかえった地下の廊下を、二人の足音だけが響く。夏休みのためか、どの部屋にも明りがついていない。少し薄気味わるかった。

奥の方に、明りが見えて来た。そこが、事務局なのだ。二カ月前に申込みに来たので、すぐわかる。

ドアの前、五メートル位のところで、私は彼女に言った。

「今迄病気だったのだから『口紅』ふき取った方がいいと思うけど……」

「うん、そうするワ」

フランス人は、年老いても「口紅」は、エチケットとして、普段でもつけているることを、彼女は病上りでも、ちゃんと守っていたのだ。

いかにも病上りの由依になった。

「ねェ、本当に大丈夫かしら？」

彼女は急に不安になって来た。

「当って砕けろよ」と言ってから、

「二人だから、何とかやってみましょう」と励ます。

由依は英語はかなり話せた。しかしフランス語はまァまァ程度だった。

私も用が足りる位だから、二人合せれば何とかなると意気込んで今日やって来たのだ。

二人共、大きく深呼吸をしてから、事務局のドアをノックした。

中から渋い男の声がした。「オントレ！」（お入りなさい！）

二人は、おずおずと中に入っていった。

申込み時は、七、八人の人が机に向かっていたが、きょうは三人だけだった。

先程の声の主は、手前の机に坐っていた。

事務局の一番、えらい人のように思われた。

でっぷり太っていて、少し赤ら顔。やさしそうな顔立ちに、二人は、少し安心したような気持になった。

「先日『サロン・ドートンヌ』展の申込みをしたのですが――、その直後、病気になり、出品が、出来なくなりました。病院の診断書があれば、半額でも返していただけますでしょうか?」

苦学生であることなど、ありのままを、真剣に言ってみた。当時、パリではアルバイトも出来ないきびしい法律があった。

ジィっと聞いていたムッシュが、しっかりとした声で「D'accord!(わかった)」と言ったと同時に、上着の左上のポケットに手を入れた。

厚ぼったい札束が出て来た。その中から数枚取り出し、由依に手渡した。

由依の目から泪がこぼれた。

二人は手をとり合って喜んだ。

「ご親切に、ありがとうございます」

「来年は、元気になって必ず応募いたします」

深深と頭をさげ、ドアを閉めた。

二人は軽やかな足どりで、もと来た階段を昇り、地上に出た。

太陽が少し西に傾き始めていた。

由依が二、三歩先に歩いていった。

数分たったろうか、くるりと振り向いた由依のくちびるに生き返ったような真紅の「口紅」が輝いていた。

セーヌ川の匂いをふくんだ風が、二人の間をやさしく通り過ぎていった。

ノエルを、あなたに！

アパルトマンの通用口を出た。

右に十数メートル歩くと、凱旋門を中心として放射状に分れた一本の道路「ワグラム」大通りに出る。

吹いてくる風は強く、頬につきささり痛かった。

信号が「青」になる迄待った。

渡る先の舗道の吹きだまりで、木枯しが四、五枚の落葉を弄んでいた。

午後三時半を回っていた。パリの陽の落ちるのは早く、あたりはもう薄暗くなりかけていた。

手袋をはめてこなかった事を後悔しながらだらだら坂を降りてゆく。

はるか先の商店街から威勢のいい掛け声が飛び交うのが聞えてくる。

毎週、日曜日に開かれる「マルシェ」の商店街からであった。

今日から「クリスマス休暇」に入った。

そのせいだろう、マルシェの開かれる日の人混みと変らない買物客で賑わっていた。

通りをはさんで並ぶ商店は、それぞれ競ってクリスマスの飾り付けをしていた。

時折吹いてくる風に、その飾りが大きくゆれ、電灯の明かりに反射して、それはきれいに演出されていた。

お客は買物をしながら、その雰囲気を充分楽しんでいた。

私も今日から学校もお休み、充分時間にゆとりがあったので、商店街の端から端まで、ゆっくり楽しむつもりで歩き出した。

まず、右側の商店から始めた。

顔馴染みの魚屋さん、肉屋さんのお兄さんは、「きょうは買って行かないの？」などと声をかけてくる。

「きのう買ったので……」と断ったり忙しい。

八百屋と果物屋は、特に「この店」ときめていない程、数多くあったので、新鮮で感じの良いお店で買っていた。

きょう忘れてはならない買物が、一つだけあった。

それは「クレモンティーヌ」である。

可愛い少女の名前のような、この「クレモンティーヌ」とは、パリで、いやフランスで売られている「みかん」の名称である。

日本の「みかん」より少し小振り、皮は薄く、色は赤みがかったオレンジ色、味は濃くてとても甘く、私は大好きで毎日欠かさず食べている。

下宿先の部屋のテーブルの上に、籠に入った「クレモンティーヌ」を見ているると、日本で炬燵の上に載っている同じような風景を思い出さずにはいられなかった。

パリに来て、この「クレモンティーヌ」に出合った時から、「香り」「味」に感激し、それ以来「ファン」になってしまった。

さて、きょうは、どの果物屋で買おうか。考えながら歩いていた。片側のお店をだいたい見終った。突当りのニェル大通りが見えて来た。

今度は、反対側にまわった。

「おや？」と思った。新しい果物屋さんが出店していた。いつ開店したのだろう？　と中を覗きかけた時、

「美味しい『クレモンティーヌ』は如何ですか！　マドモアゼル！」

と言う声が聞えた。

目の前に、赤い帽子、赤い上下の服、白い長い髪のサンタクロースが立

っていた。

やさしいまなざしに、こういう人がきっと、本当の「サンタクロース」なんだと思った。

私は、咄嗟にここで買おうと決めた。

「一キロ、クレモンティーヌ、シルヴプレ」

「ウィ、マドモアゼル」とサンタは答えた。

一キロが、おおよそ何個かわかっている、手馴れた手つきで袋の中に、あの可愛い「クレモンティーヌ」は入ってゆく。

そして、その袋は秤の上にのせられた。

少し目方が足りなかったのか、小振りの一個を探し、袋の中に入れた。

「おまけかナ?」

突然、店の中に風が入って来た。突風だった。

飾りつけてあった色とりどりのモールが、その風に煽られ、カサカサと音をたてて揺れ出した。

そしてライトが、モールに反射してクリスマス・ムードたっぷりに演出してくれていた。

と、その時、風の「いたずら」なのだろう、「銀色のモール」の一片が、キラキラ光を放ち、弧をえがきながらゆっくり舞い落ちて来た。

そして、なんと、秤の上で今まさに計っていた「クレモンティーヌ」の袋の中に落ちていった。

サンタと私は、その光景を一部始終、うっとりと見ていた。そしてお互い目を見合せて微笑んだ。

彼が言った。

「ノエルを、あなたに！」

抱えて持っている「クレモンティーヌ」の袋の中で、銀色のモールが街灯の明かりに照らされて美しく輝いていた。

＊「ノエル」は「クリスマス」のこと。

Galette des ROIS

「カチッ！」と微かな音。今までに経験したことのない音がした。口の中である。

たった今、ケーキをフォークで一口大《ひとくちだい》に切り、いつものように何のためらいもなく、口に入れ噛んだ一瞬の出来事であった。

口の中に広がる甘いエッセンスと、バターの芳醇な香り。

そのケーキの中に噛むことが出来ない異物が潜んでいようとは、思いもよらぬ事であった。

この至福のひと時を邪魔させたのは、いったい誰れの仕業《しわざ》なのか？　故意か？　それとも偶然なのか、神のみぞ知ることであった。

そうっと、その異物を舌で転がしてみた。

細長くて丸味を帯びている。表面はザラザラして固い。長さは二センチ位はありそうだ。

これは絶対に食べられない代物《しろもの》であると確信した。

この怪しげな物体を、何としても目で確めて見たかった。

周りの人たちに気がつかれないように、そうっと口から出し、ティッシュペーパーに包みバッグに入れた。

この事を、誰れか隣の人にでも話したかったが、今まさにパーティが始まったばかりなのである。

ワインで乾杯し、ケーキを食べ始めた矢先なのである。こんな時に皆に知られたら、せっかくの楽しいパーティが白けてしまうのではないかと諦めて黙っていた。

そしてお皿に残っていたケーキを口に入れた。

「美味しい！」

こんなに美味しいのだ。

ゆったりと香りと味を舌で感じ味わうことが出来た。


半年前に絵の勉強にパリに来た。

七月十四日、フランス革命記念日の夜に、パリに着いた。祭日の賑やかさは、もうすでに終っていた。

そして五カ月も、またたくまに過ぎ、初めて迎えた新年である。

日本だったら、「お正月」と聞くだけで何となく華やかな気分になるのだが……。

さて、フランス人は、新年をどう過すのか興味津津であった。

ホームステイ先のご主人は二日から出勤した。

家に残っている家族も、いつもと変らぬ生活をしていた。

フランスは、キリスト教の国である。

十二月には、クリスマス休暇があり、それが日本の暮から新年にかけての休暇みたいなものなのである。

私の通っていた絵の学校も、一月七日の月曜日から始まった。

クリスマス休暇で、外国人の数人は自国に帰国したり、地方に帰省したりと、生徒は全員揃わなかった。

今日は十人位しか出席していなかった。

イヴ・ブレイヤー教室の世話役は、アランというフランス人の青年である。

年齢は二十二、三歳くらい。長身で肌が白く、目は青く気品が漂っていた。たしかパリ郊外にお城を持っている貴族の息子と聞いていた。

性格は、少しナイーブなところがある。しかし、今日の彼は、ちょっと違っていた。

その白い肌を紅潮させ、皆の前に進み、堂堂と述べた。

「今日は新年の始まりの日なので、一時間、早目に授業を終りにします。Pourquoi（何故なのか）　きのう一月六日は今年最初の日曜日でした。この日は、フランスの新年を祝う『公現祭』です。『Galette des ROIS』といい、王様のお菓子を皆で食べてお祝いをする習慣があります。このアトリエには、外国人が何人かいるので、一日ずらして今日、皆で新年をお祝いしたいと思います」

拍手が起った。このアトリエには、勿論、フランス人、ドイツ、ブラジル、イラン、そして日本の留学生が勉強に来ていた。

心やさしい彼の発案で、外国人のために、フランスの行事を皆に味わせてくれると言うのである。外国人たちは、思ってもみない事なので、とても喜んだ。

彼は、パリではアパルトマンに住み、クリスマス・新年を両親の住むお城で過し、そこで作った「ワイン」と「ケーキ」を今日の日のために持って来てくれた。

彼の説明が終ってから、アトリエの人たちは何となく、いつもの雰囲気と違って落着かない状態になっていた。

パーティの始まる三十分前ごろになると、モデルがまだポーズをとっているにも拘らずイーゼルからキャンバスをはずしたり、筆を洗い出す人など、ざわざわしはじめた。

私も、まわりの人たちが片づけ始めているのに、一人だけポツンと残って描いているわけにもいかないので、仕方なく片づけ始めた。

アッと言う間に、机の上に白い布が被せられパーティ用のテーブルに早替りし、アトリエが一変した。

テーブルには、ピンク色のロゼワインが数本並び、大きなケーキの箱、その傍に、何故か金色の王冠が一つ置かれてあった。

「À votre santé!」（乾杯！）

乾杯の言葉を一斉に言い合い、ワイングラスのぶつかり合う軽やかな響きが心地よく聞えていた。

いつもは、口も聞かずもくもくと、キャンバスに向かって描いている人たちが、今日はまったく違った陽気な態度に変り、おしゃべりに花を咲かせている。

暖房のきいたこのパーティ会場は、今や、ワインとケーキの香りが充満していた。

私は先程の口の中の異物が気になって落着いて皆と陽気になれなかった。

十分位たったろうか、ワインで頬をピンク色に染めたアランが、賑やか

な雰囲気をさえぎって、

「ちょっと静粛に！」とひと言《こと》いってから、

「大事な事を言い忘れました。

フランス人なら誰れでも知っているけど、実は、このケーキの中に、小さなお人形が入っています。そのお人形が入っていた人が、今日の『王様』『女王様』です！

入っていた人は、この一年、幸せになります！　誰れか入っていませんでしたか？」

口ぐちに「NON」「NON」と答えた。

「あッ、あれが、あの得体の知れない、ザラザラの異物。それが『お人形？』」

この目で、しっかり見ていない怪しげな物体は、今、ティシュにくるまれてバッグの中にあるのだ。あれが？　幸運の女神様なのか？　女王様になる「あかし」なのか！


「おかしいなァ！　絶対に入っている筈なのに」

とアランは首をかしげていた。

こうなったら言わない訳にはいかない。思い切ってバッグからケーキまみれの小さな物体を取り出し、

「私の中に入っていました！」

「ワァ！」と言う喚声！　皆の目が一斉に私に注がれた。うれしさと恥かしさが入り混った複雑な気持であった。

言ってしまうと、やっと落着いた気分になり、そのちっちゃなお人形を

ティシュできれいに拭き、初めてまじまじと眺めた。

それは「Fève」という可愛いお人形であった。

白い素焼で出来ていた。身長二・五センチ位の均整のとれた身丈《みたけ》、一糸まとわぬヌードである。ロングヘアー。顔はと言えば、目鼻もくっきりしていた。少しふくらんだバスト、続く腰もなだらかで、なんと「おへそ」まであった。七頭身美人である。


「おめでとう！」「おめでとう！」と口ぐちに賛辞が飛び交った。

さっきまでテーブルの上に置いてあった「王冠」が、今は私の頭の上に金色に輝いている。

私は女王様になったのである！

たくさんの「ベーゼ」が私の頬に伝わった。

＊Galette des ROISとは、新年を祝うのに欠かせない「王様のお菓子」という意味。

アルルの跳ね橋

「ねェ、どうする?」

夕食後のデザートのアイスクリームが、舌の上でなめらかに溶けてゆく感触を味わっていた時、沙季が言い出した。

「あんなに親切に言ってくれているし……」

「それが危険と思わない?」と私。

二人がこのレストランに入り、席に着いた時から一人の青年の強い視線を感じていた。

注文が終った途端、彼は空いた椅子をたぐり寄せ我々のテーブルに近づいて来た。年は二十二、三歳くらい。人のよさそうな田舎の若者であった。南仏なまりの聞きづらい言葉で「多分、東洋人だと思うけど……」と話しかけて来た。

アルルは初めてかと言う問いに「NON」と答えると、もしよかったら案内してあげたいと言うのである。

日本にいた頃、よく耳にした外国で行方不明になったとか、殺された若い女性のことが頭をよぎった。食事中も話し合ったが、いつ迄も結論の出ないままだったのだ。

二人の間に沈黙が流れた。

と、その時、白いコック帽を被った体格のよいコックさんが、テーブルに近づいて来た。

彼は四十歳を出るか出ないかと思われる年格好で、年季の入ったエプロ

ンで手を拭き拭き、

「心配はいりませんヨ、マドモアゼル。

私は、このレストランのシェフで、こいつの兄のピエールと言います。弟のポールは、運転はうまいし、きっとアルルが気に入っていつかまた来たくなりますヨ」

と弟の頭を軽く小突きながら終始笑顔で話した。

その兄と弟は、年の差はあっても、なんと瓜二つと言ってもおかしくないほど、よく似ていたのだ。

今迄の不安が一気に晴れた。


六月に入ると、アトリエの中の空気が何故かいつもと違ってざわめいてみえた。

モデルの休憩時間ともなると、月半ばから入るバカンスの話でもちきりなのだ。

あちこちで「カンヌ」「モンサンミッシェル」だのの地名が飛びかっていた。

昨年の夏、七月に私はパリに絵の勉強にやって来たが、隣りでイーゼルを構えた沙季も、やはり同じ年の九月に京都から留学に来たのだ。

アトリエには、日本人の留学生が四、五人はいたが、彼女は意見や批評など気持よく話せる唯一の親しい友人であった。

今年初めてのバカンスに、二人もやはり夢をふくらませた。行きたい所、陸続きの便利な国は数えきれないほどあったのだ。

私が初めて海外旅行に出掛けた三年前に行った、南仏のニースやアビニヨンの話をすると、沙季は目を輝かせて、是非行ってみたいと言う。

出来れば私の行っていない、アルルとマルセイユ、エクサン・プロヴァンスにと言う私に賛同して行先が決った。

二人はアトリエの帰りに、行きつけのキャフェ「パレット」でスケジュールを練った。

南仏プロヴァンスの午後の陽ざしは透明で、鋭く、街の白い家並にまぶしく反射していた。

アルルと言えば、ゴッホとゴーギャンが、共同生活をし、ゴッホの耳切り事件のあったところである。駅近くにある「オテル・ゴーグ」（ゴッホ）「オテル・ゴーギャン」の二軒のありかを確めてから、予約もしない気ままな旅が始まった。

街の中のホテルを三、四軒見て歩き、シャワー付きの二つ星の小さな古びたホテルに落着いた。

シェフの弟ポールがレストランの前に迎えに来てくれた。小さな赤い車であった。

ヨーロッパの夜は九時を過ぎても、まだ陽が沈まず、いつ迄も夕陽を弄んでいた。

アルルの街を背に、車は動き出した。

暫くすると、人家もまばらになり、田園の中を車はゆるやかに走っていた。

彼は、「アルルの闘牛場のこと」や、もう直き始まる「村まつり」など、面白おかしく話してくれた。

兄の言った通り運転も上手で安心して話に耳を傾けることが出来た。

街灯の明かりが、ポツン、ポツンと間隔を長くし、徐々に闇のグラデーションが深まって来た。

前方の地平線もあたりの風景も黒で塗り消された。その漆黒の世界を車のヘッドライトが鋭角に切り開いて進んで行く。

車窓から入って来る風が心地よかった。土と草と木の匂いを運んでくれる。どこからか川のせせらぎも聞えて来た。しかし、どの辺りを走っているのか皆目わからない。ポールに頼りっきりである。この闇の中をどこに連れて行こうとしているのか心配になった。

二人は小声でささやき、手をぎゅっと握り合った。やっぱり来るのではなかったと……。

突然、フロントガラスの前に小さな光の点がぶつかって来た。一つ二つと車が進むにつれそれは数を増し、光っては消えた。

「蛍」だった。二人は今迄の不安を置きざりにして暫く蛍を眺めていた。蛍のトンネルを越え、どの位走ったのだろうか。そんなに時間は経っていないと思う。

車が止った。ヘッドライトも消され、降りるようにと言うのだ。二人は暗闇の田園の中につきはなされたように、不安定な格好で立ちつくした。

と、突如、ヘッドライトがついた。

その光の行く先を見た。そこに映し出された一枚の絵、無限大の号数の風景画があった。

あのゴッホの描いた「アルルの跳ね橋」がそこにあり、今まさに幌馬車が通り過ぎて行ったかのような跳ね橋であった。

二人は、しばし息もつけず眺めていた。

＊後で知ったことであるがフランスで一番、人がいいのは、アルルの人だそうである。やっぱり!!

やっぱりParis《パリ》

著者

いがらし与志子《よしこ》

発行日

2024年 4月25日

発行　株式会社新潮社図書編集室

発売　株式会社新潮社

〒162-8711　東京都新宿区矢来町71

電話　03-3266-7124

印刷所　錦明印刷株式会社

製本所　加藤製本株式会社

ISBN978-4-10-910276-6 C0095

価格はカバーに表示してあります。